ESENCIA CÓSMICA

ESCORPIO

Leo Kabal

Editorial ⊙ Creación

Temática: Astrología, Horóscopo, Angelología
Colección: Esencia Cósmica

© Leo Kabal
© Editorial Creación
  Jaime Marquet, 9
  28200 - San Lorenzo de El Escorial
  (Madrid)
  Tel.: 91 890 47 33
  http://www.editorialcreacion.com
  http://editorialcreacion.blogspot.com/

Diseño de portada: Mejiel

Primera edición: junio de 2013
ISBN: 978-84-15676-33-1
Depósito Legal: M-14524-2013

CONTENIDO

INTRODUCCIÓN

Saber hoy a ciencia cierta cuándo empezó la Humanidad a interesarse por los astros y cuáles fueron las bases de lo que se conoce como Astrología, es una tarea difícil, por no decir imposible.

No obstante, cuando miramos hacia atrás en el tiempo intentando buscar un origen, encontramos que la mayoría de los pueblos de la antigüedad tenían muy en cuenta las posiciones planetarias a la hora de tomar decisiones importantes. Todo el mundo creía en ella y los reyes tenían a sus propios astrólogos, a los que consultaban para tomar las decisiones relevantes.

Aunque la ciencia astrológica se remonta más atrás en el tiempo, los doce signos astrológicos, tal como los conocemos hoy, aparecieron en Babilonia, en el siglo V a. C. Este sistema consiste en la división del cielo en doce partes iguales de 30 grados cada uno.

Pero signos y constelaciones no son lo mismo, aunque muchos hayan querido confundir los términos para desacreditar a los astrólogos y la Astrología. Expliquemos la diferencia.

La Eclíptica es el círculo imaginario que atraviesa el Sol en su recorrido anual aparente alrededor de la Tierra, aunque en realidad se trata de una proyección en los cielos de la linea imaginaria que dibuja la Tierra en su movimiento de traslación (recorrido anual alrededor del Sol).

A un lado y otro de la Eclíptica hay una franja celeste denominada Zodiaco, dentro de la cual permanecen el Sol, la Luna y los planetas. En esta franja hay doce constelaciones cuyos nombres son los mismos que el de los doce signos. Pero a diferencia de los signos, las constelaciones tienen una longitud desigual, es decir, no miden 30 grados cada una, sino que unas miden más y otras, menos.

Hay algunos astrólogos que afirman que primero fueron los signos y después vinieron las constelaciones. Es decir, los signos fueron dados a la humanidad primitiva por inspiración. Después, el hombre buscó algo semejante en los cielos y encontró las constelaciones.

Sea como fuere, lo importante es que los signos astrológicos y las constelaciones de estrellas no son lo mismo. Los signos son sectores del Zodiaco de 30 grados cada uno y las constelaciones tienen una longitud diferente. Además, debido a la precesión de los equinoccios, tampoco coinciden en el comienzo de la primavera, cuando el Sol cruza el ecuador celeste, sino que, en ese punto, el Sol cruza el grado cero de Aries en lo referente a los signos, mientras que en lo referente a las constelaciones, varía. Ese es el motivo de que cuando el Sol se encuentra en el signo de Aries, actualmente lo hace en la constelación de Piscis. Es también la base para afirmar que la Humanidad está actualmente en la Era de Piscis y camina hacia la Era de Acuario.

Pero en lo referente a los signos, esto no debe preocuparnos, ya que siguen siendo los mismos, y las fechas en las que rigen cada uno de ellos permanecen invariables.

Según algunos astrólogos modernos, la Astrología no es solo un sistema de predicción, sino que comprende la esencia cósmica de la cual todos nos nutrimos tanto material como espiritualmente. De hecho, los nombres de los doce signos corresponden a doce entidades espirituales que se ocupan de hacernos llegar la energía con la que construimos y desarrollamos nuestra existencia.

En el principio de los tiempos, al iniciar la creación de nuestro Sistema Solar, Dios trazó un espacio, de donde tomó la esencia para que su obra creciera y se multiplicara. Este espacio es conocido con el nombre de Zodiaco. De este Zodiaco procede la esencia que ha dado forma a todo lo que existe hoy en nuestro Sistema Solar, incluidos nosotros.

De lo que antecede podemos deducir que el Zodiaco es mucho más importante de lo podría parecer a primera vista, pues sin él no existiría nada en nuestro universo solar.

Vemos así que el Zodiaco marca la evolución de la Humanidad a través de los signos conocidos como Aries, Tauro, Géminis, Cáncer, Leo, Virgo, Libra, Escorpio, Sagitario, Capricornio, Acuario y Piscis. Cada individuo debe renacer constantemente en los distintos signos para evolucionar mediante las vivencias que cada uno le aporta.

Así, en el sentido cósmico, cuando nacemos en Aries, traemos al mundo un nuevo designio divino, un proyecto original, que iremos desarrollando a través de las distintas etapas, es decir, en las distintas encarnaciones por las que hemos de pasar. La rueda astrológica se convierte así en la rueda de los renacimientos a través de los cuales evolucionamos desde la inconsciencia hacia la omnisciencia. La meta es convertirnos algún día en dioses creadores. El orden evolutivo sigue un orden distinto del de la rueda astrológica, que como sabemos es Aries, Tauro, Leo, etc., hasta Piscis.

En el orden cósmico primero es el Fuego: Aries, Leo y Sagitario. Segundo, el Agua: Cáncer, Escorpio y Piscis. Tercero, el Aire: Libra, Acuario y Géminis. Y por último, la Tierra: Capricornio, Tauro y Virgo.

Este sería el orden lógico en la evolución. O sea, primero encarnaríamos en los signos de Fuego, luego en los de Agua, etc. Y, al llegar al último signo de Tierra: Virgo habríamos culminado nuestra evolución y adquirido todas las experiencias necesarias para llegar a ser dioses creadores. Pero este orden fue roto porque los hombres no fuimos capaces de asimilar las energías divinas tal como se nos iban proporcionando. De esta forma, unas veces fuimos hacia adelante y otras hacia atrás, unas veces avanzando y otras quedándonos rezagados.

Por este motivo, tenemos que culminar varios ciclos desde Aries a Virgo antes de alcanzar la perfección, pero ahora ya no seguimos el orden primordial: Fuego, Agua, Aire y Tierra, sino que, debido al estancamiento en algunas etapas, tenemos que volver a ellas de nuevo. Por eso, en una encarnación podemos nacer en Aries, mientras que en la siguiente lo hacemos en Tauro o Libra, dependiendo de los trabajos pendientes de realizar que hayamos dejado en el camino.

El signo del horóscopo bajo el cual hemos nacido marca únicamente el lugar del sol en nuestra carta natal. Para un estudio más profundo, cada lector debe recurrir a la interpretación de su carta astral completa, porque ella le descubrirá muchos más aspectos de su personalidad y su trabajo en la vida presente que el estudio simple del signo bajo el cual ha nacido. Aunque sin duda el sol en un horóscopo marca el lugar donde se instala nuestro Yo en la presente encarnación para poder llevar a cabo su programa de vida marcado por las demás tendencias de nuestra carta de nacimiento. Por ese motivo, cualquier estudio sobre él es de la máxima importancia. Más adelante, si el lector lo desea, podrá estudiar su carta con profundidad y desarrollar su potencial en todos los aspectos. Mientras tanto, le ofrecemos este pequeño estudio para que pueda conocerse un poco más y aprenda a conducirse de acuerdo con la energía de los astros para hacer su vida un poco más llevadera.

Acuario
Capricornio
Sagitario
Piscis
Escorpio
Aries
Libra
Tauro
Virgo
Géminis
Leo
Cáncer

♏ ESCORPIO

24 de octubre al 22 de noviembre

*El amor al prójimo empieza
por uno mismo*

Elemento: Agua

Símbolo: ♏

Color: Rojo carmín

Planeta regente: Marte

Gemas: Malaquita, imán

Metal: Hierro

Día de la semana: Martes

Números de la suerte: 8 y 9

Imagen medieval de Escorpio.
(Libro de Horas del siglo XIV).

Imagen medieval del Marte, planeta regente de Escorpio y Aries.
De Sphaera.

SÍMBOLOS DE ESCORPIO Y MARTE

El símbolo de Escorpio se representa con una «m», de muerte, que finaliza con el aguijón mortal del escorpión ♏.

En Astrología se le asocia con la casa VIII, que es la de la muerte. Simboliza todo aquello que pone punto y final a un ciclo: la muerte, la transformación... También está representado por un escorpión, cuyo aguijón produce la muerte.

El regente es el planeta Marte, dios de la guerra para los griegos y romanos. Por lo tanto, también simboliza la guerra, la violencia...

Marte, cuyo símbolo (♂) al principio era una cruz sobre un círculo (♁), aunque ha variado con el tiempo, El círculo representa al espíritu; y la cruz, a la materia.

Este símbolo indica que la materia domina sobre el espíritu. Por lo cual, el nativo de Escorpio en su base trabaja moldeando la materia y sus intereses se dirigen más hacia el mundo material para ganar experiencia, sacrificando al espiritual.

En el caso de Escorpio, se volcará más hacia el mundo sentimental y los deseos serán para él una de las cosas más importantes.

Ya sabemos que en el mundo del deseo el mal y el bien pueden manifestarse con igual fuerza, por lo que Escorpio debe tener especial cuidado en saber discernir el uno del otro en cada momento.

ALEGORÍA DE ESCORPIO

... Y era de mañana cuando Dios se puso ante sus doce hijos e implantó en cada uno la semilla de la vida humana, Cada hijo, uno a uno, dio un paso adelante para recibir el don que se le había destinado.

—A ti, ESCORPIO, te doy una tarea muy difícil. Poseerás la habilidad de conocer la mente humana, pero no te permitiré que hables de todo lo que sepas. Con frecuencia te sentirás triste por lo que verás y en tu dolor te alejarás de Mí, y te olvidarás de que no soy Yo, sino la perversión de lo que es Mi Idea lo que te produce este dolor. Verás en el hombre tantas cosas que acabará por parecerte un animal, y lucharás de tal forma con los instintos animales que hay en ti mismo que te desviarás del camino, pero cuando finalmente vuelvas a Mí, Escorpio, tengo para ti el don supremo de el PROPÓSITO

Y Escorpio se retiró.

Entonces Dios dijo:

—Cada uno de vosotros tiene una parte de Mi Idea. No confundáis esta parte con la totalidad de Mi Idea, ni intentéis cambiaros las partes entre vosotros. Porque cada uno de vosotros es perfecto, pero eso no lo sabréis hasta que los doce seáis uno. En este momento, Mi Idea, en su totalidad, será revelada a cada uno de vosotros.

Y los hijos se fueron, decidiendo cada cual hacer su trabajo lo mejor posible, para poder recibir su don. Pero ninguno comprendió totalmente su tarea ni su don, y cuando volvieron confusos, Dios les dijo:

—Cada cual cree que los otros dones son mejores. Así, pues, os permitiré intercambiarlos.

Y, de momento, cada hijo se entusiasmó considerando todas las posibilidades de su nueva misión. Pero Dios se sonrió diciendo:

—Volveréis a mí muchas veces, pidiendo que os releve de vuestra misión, y cada vez os concederé vuestro deseo. Pasaréis por incontables encarnaciones antes de que cumpláis la misión original que os he prescrito. Os concedo un tiempo ilimitado para llevarlo a cabo, y sólo cuando lo hayáis conseguido podréis estar conmigo.

PERSONALIDAD

Escorpio interioriza los sentimientos y las emociones. Es un signo poco expresivo pero de profundos sentimientos, que se puede inclinar tanto hacia el bien como hacia el mal. Es enérgico y siente atracción por explorar todo lo oculto, misterioso y secreto. Si utiliza su energía para hacer el bien, puede llegar a ser un gran médico o cirujano.

Tiene una gran fuerza y voluntad que exterioriza mediante el esfuerzo y el trabajo, haciendo cosas que quizá a otros les parezcan excesivas. Sin embargo, él no tendrá esa sensación, sino que lo verá como algo normal e, incluso, puede percibir a los que son más tranquilos como personas pusilánimes y faltos de energía.

A veces tiene modales un poco bruscos, pero la mayoría de las veces es honesto y justo.

Escorpio tiene que vivir el mundo emocional intensamente, pero al contrario que Piscis, que debe volcarlos hacia fuera, él lo hace hacia dentro. O sea, vive su propio mundo emocional, algo que los demás a veces no llegan a sospechar, pero sí perciben su atracción, como si de un imán se tratase. Su fuerza emotiva actúa como centro de gravedad para el mundo que le rodea, por eso es tremendamente atractivo, aunque no haya sido dotado con una aparente belleza externa.

A este signo le atraen poderosamente el tema del sexo y la muerte. Tanto es así, que a veces elige una profesión que tenga que ver con ellos.

Cuando malos aspectos afligen al signo, este puede convertirse en un ser egoísta, que se ama a sí mismo por encima de todas las cosas sin pensar en los demás. Solo atenderá a sus propios problemas sentimentales y se los contará a todo el mundo de una manera un poco obsesiva. Pero cuando los haya resuelto, desaparecerá y no se sabrá de él hasta que vuelva a tenerlos de nuevo.

Así mismo, un Escorpio mal aspectado puede encontrar constantes problemas donde los demás no los ven en absoluto.

Cuando tiene buenos aspectos sobre su signo, pueden ser realmente encantadores, ya que su amor, será completamente altruista y estará siempre dispuesto a sacrificarse a sí mismo para el bien de los demás.

Trabajarán de forma infatigable contra la injusticia social, rebelándose contra la opresión o cualquier causa que les parezca justa. A este respecto pueden emplear un montón de horas al día de forma completamente desinteresada.

El signo de Escorpio debe tener especial cuidado en no utilizar el odio o la venganza en arreglar los problemas que interpreta de la vida cotidiana. El amor al prójimo y el perdón deben ser siempre sus armas preferidas para solucionar las cosas.

CUALIDADES A DESARROLLAR

Energía.
Sentimientos profundos.
Aspiraciones sublimes.
Regeneración.
Transformación.
Investigación.
Ingenio.
Amor al prójimo.
Motivación.
Estudio de la ciencia.

DEFECTOS A SUPERAR

Celos.
Ira.
Pasión.
Temeridad.
Carácter vengativo.
Irritabilidad.
Odio.
Rencor.
Intolerancia.
Violencia.

AMOR Y COMPATIBILIDAD

Escorpio es un signo que vive sus sentimientos de una forma interior y muy intensa, aunque pueda aparentar una relativa calma exterior. Sus relaciones amorosas no son románticas, sensibleras ni pausadas, sino más bien pasionales y, algunas veces, rozando el drama.

Tienen un carácter extremista y obstinado; cuando desean algo no paran hasta conseguirlo; cuando tratan de conseguir algún fin, nadie puede detenerlos, pues su determinación es firme. Pero es que, además será muy difícil oponerle resistencia, ya que ejercen una atracción y una fascinación innata.

Los nativos de este signo pueden llegar a ser agradables, abnegados y envolventes, agasajando a su pareja con obsequios importantes que pueden ser la envidia de todo el que lo vea, pues se dirá que ojalá su pareja lo tratase de esta forma.

Sin embargo, para los que son más independientes y les gusta más ir desprendidos por la vida, esta forma de actuar les puede resultar un tanto empalagosa y, a la larga, parecerles insoportable tantas muestras de cariño.

Es posible que, en este sentido, Escorpio se muestre demasiado controlador y sienta celos de todo aquel que se acerque a su pareja, llegando, con el tiempo, a irritarla de tal modo, que lo único que quiera sea librarse de semejante yugo lo más pronto posible.

Por lo tanto, este signo debe tener especial cuidado con este tema y dejar un margen de libertad a su pareja, sin agobiarla demasiado, ya que si esta es un signo de los llamados independientes y que no le gusta que se preocupen constantemente por él o ella, huirá a la menor de cambio sin contemplaciones de ningún tipo.

Si, al dejar la relación, su pareja se fuese con otra persona, sería lo peor que puede pasarle, ya que su orgullo masculino quedaría terriblemente herido y es muy posible que contase a todos sus amigos lo mal que se ha portado con él.

Por lo demás, es un signo fijo y, como tal, será fiel y buscará una relación estable. Si encuentra a la pareja ideal, será para toda la vida y, exigirá la misma fidelidad de su relación.

ESCORPIO - ARIES

A los dos signos los rige Marte, el planeta de la acción y de la guerra. Agua y Fuego no son compatibles, así que los dos querrán dominar en la pareja. Uno (Aries) es extrovertido, apasionado, impulsivo. El otro (Escorpio) es también apasionado pero más introvertido. A Aries se le ve venir, es como un libro abierto en la pareja y en las relaciones amorosas. Escorpio tiene más secretos íntimos y es menos previsible

En el amor, Aries se muestra independiente, no le gustan los amarres, ni las constantes muestras de cariño, ni la exclusividad, ni los ataques de celos de su pareja. Escorpio, en cambio, suele ser envolvente, posesivo, celoso y exclusivista. Esto haría imposible una relación duradera, a menos que confluyan otros elementos en su horóscopo que la haga más llevadera.

Para llevarse bien, deben sacrificar cada uno parte del exceso de comportamiento negativo relativo a sus respectivos signos. Por ejemplo: Aries debe dejar un poco de lado su excesivo independentismo y Escorpio su excesiva posesividad.

ESCORPIO - TAURO

El signo fijo de Agua (Escorpio) combina muy bien con el signo fijo de Tierra (Tauro).

Los dos buscan una relación de sensaciones intensas, que, a veces, pueden encontrar a través del sexo. Marte, regente de Escorpio, y referente sexual masculino, se une a Venus, regente de Tauro, y referente sexual femenino. Por tanto, con buenos aspectos en las cartas astrales de la pareja entre estos dos planetas, puede resultar la pareja ideal.

Al pertenecer ambos nativos a signos fijos, de estabilidad, la unión hará una relación duradera, ya que los dos son fieles y leales.

Los puntos conflictivos pueden llegar a manifestarse precisamente por la inflexibilidad característica de los signos fijos, porque los dos pueden llegar a mostrarse altamente obstinados, posesivos y celosos.

El Tauro se aferra siempre a sus decisiones y no suele escuchar ninguna otra razón. Por su parte, Escorpio puede convertirse en un dictador extremadamente exigente, que no deje al otro ni un espacio para su privacidad e independencia.

En este sentido, deberían hacer grandes esfuerzos por mostrarse un poco más flexibles, si no quieren tener conflictos de este tipo.

ESCORPIO - GÉMINIS

No son compatibles, ya que Escorpio es un signo de sentimientos profundos y tiende hacia una relación estable y duradera, mientras que Géminis es un signo voluble, más mental e independiente.

Las constantes exigencias sexuales y emotivas de Escorpio, tremendamente terrenas y carnales, no se aceptarán fácilmente por un Géminis que busca experiencias más intelectuales.

Así mismo, Escorpio tampoco entenderá muy bien la necesidad de independencia y de relacionarse socialmente de Géminis.

La relación puede hacerse, sin embargo, llevadera si los dos ponen un poco de su parte y buscan puntos de encuentro y comprensión mutua en el terreno mental. Por ejemplo, Escorpio puede aportar a la curiosidad intelectual de Géminis sus cualidades de investigador nato y mente científica.

ESCORPIO - CÁNCER

Son signos compatibles. Los dos pueden entenderse y formalizar relaciones duraderas.

De entre los signos de Agua, es esta unión la que mejor puede congeniar en todos los sentidos.

Escorpio necesita y exige fidelidad a la pareja. Cáncer es un signo fiel, que nunca dará a su pareja motivo para estar celoso.

Los dos pueden vivir una gran pasión amorosa y una historia de amor de las que no se olvidan, pues Escorpio, signo de fuertes emociones, se acoplará bien con Cáncer, sensitivo e imaginativo.

Hay, sin embargo, un punto en el que Escorpio debe tener especial cuidado, ya que sus palabras violentas y fuera de lugar con que a veces suele responder, pueden herir profundamente la sensibilidad de Cáncer.

ESCORPIO - LEO

Aunque los dos son signos fijos, tienen intereses muy diferentes. Leo es franco, abierto y se expresa sin ningún tapujo. Al igual que el Sol, su regente, necesita irradiar calor, luz y energía. Escorpio no se entrega tan fácilmente, es más cerrado e insondable. Los dos atraen poderosamente al sexo opuesto, pero mientras uno (Leo) atrae por su franqueza, sus valores y su calor espiritual, el otro (Escorpio) lo hace por sus profundos sentimientos y su carácter misterioso.

A esta relación le falta flexibilidad y adaptación, y, como ninguno de los dos dará su brazo a torcer y los dos son dominantes, la convivencia se hará complicada.

A Leo le costará entender la tendencia al drama y a la discordia que tiene Escorpio, y Escorpio no entenderá muy bien que a Leo se le pasen tan pronto las ofensas y las perdone con igual celeridad, más bien creerá que está fingiendo.

Para que haya armonía entre los dos signos deben hacer un esfuerzo de adaptación y flexibilidad importante, que solo llegará cuando los dos persigan otros objetivos que no sean solo materiales, sino también espirituales. A su favor tienen que, al ser los dos signos fijos, llevan bastante mal lo de la separación y harán lo que sea para seguir con la persona amada.

ESCORPIO - VIRGO

Existe entre estos dos signos una fantástica comprensión mutua. Los dos aman el trabajo realizado de manera científica, seria y perfeccionista. Los dos llevan sus investigaciones analíticas hasta el máximo en cualquier terreno.

Sin embargo, en el terreno amoroso y sexual chocarán de manera frontal, ya que las exigencia demandadas por Escorpio no serán correspondidas por Virgo. En efecto, Virgo rechazará las constantes muestras de cariño y sensuales de Escorpio y se mostrará más frío y distante; y Escorpio no entenderá que sus exigencias pasionales no sean correspondidas por su pareja, que, a veces, puede incluso parecerle un auténtico mojigato.

Conseguirán llevarse más o menos bien si se respetan mutuamente y no basan su relación tan solo en el terreno sensual o material. Un objetivo intelectual o espiritual común puede completar la armonía que ya tienen en otros muchos aspectos.

ESCORPIO - LIBRA

En principio, son incompatibles, aunque estén regidos respectivamente por Marte y Venus, planetas compatibles en el terreno amoroso. Es verdad que Libra puede sentirse halagado por las constantes declaraciones de amor que Escorpio puede hacerle, pero con el tiempo descubrirá que no soporta su intensidad pasional y tratará de librarse de él. Eso sí, intentará hacerlo de manera pacífica, sin grandes dramatismos.

La relación podrá alcanzar una cierta armonía si Escorpio eleva su vibración y domina sus excesos pasionales para dar lugar a un ambiente de respeto y tolerancia por la libertad de su pareja.

Libra puede contribuir a dicha armonía si aprecia la intensidad amorosa de Escorpio y le garantiza fidelidad creando un clima de confianza entre los dos.

ESCORPIO - ESCORPIO

Aquí se mezclan Agua y Agua de la misma naturaleza, es decir, con los mismos objetivos y personalidad. Sentirán el uno por el otro una atracción irresistible, sobre todo en el terreno sexual.

Los dos son pasionales, de emociones intensas. Por tanto, en el amor se llevarán muy bien, incluso entenderán sus ataques de celos, ya que los dos pueden llegar a tener este defecto.

Será un amor agitado, despierto, rozando incluso el drama, pues los dos poseen un carácter fuerte y autoritario, las mujeres Escorpio requieren hombres viriles; y los hombres, buscan mujeres que estén dispuestas a vivir una relación emocional y sexualmente intensa.

Ambos son fieles y leales, algo que quizá no se encuentre tan consolidado en otros signos. Si discuten, pueden pasar algún tiempo con caras largas e incluso sin dirigirse la palabra, pero tarde o temprano llega la reconciliación, pues la atracción física que sienten el uno por el otro no se resiste a ninguna otra cosa.

En resumen, los dos se complementan perfectamente, pero deben tener especial cuidado en darse cada uno el espacio que necesita en la relación, pues cuando uno intente dominar al otro (y los dos tienden a querer hacerlo con frecuencia), surgirán problemas.

ESCORPIO - SAGITARIO

Signos incompatibles y una relación un tanto difícil de imaginar. Escorpio es un signo fijo de Agua y Sagitario, mudable de Fuego.

Como signo fijo, Escorpio busca una relación duradera, mientras que Sagitario es más volátil y no se compromete tan fácilmente para toda la vida.

En la relación de pareja, Escorpio, una vez que la ha elegido, se lanza a por ella sin descanso hasta que la consigue. Cuando la consigue, su instinto posesivo y acaparador, le alejarán de Sagitario, quien se sentirá agobiado y dominado, cosa que no gustará a su espíritu libre e independiente. Por este motivo, cuando sienta que está siendo dominado y acaparado por su pareja, no parará hasta deshacerse de ella, pues este comportamiento de su pareja le irritará sobremanera. Una cosa que Escorpio no entenderá muy bien, ya que, para él, será como una cosa normal ir pegado a su pareja y agasajarla con constantes arrumacos.

Los dos caracteres son muy contrarios, pues, mientras Escorpio es introvertido, secreto, obstinada, crítico, cerrado y poco amante de las relaciones en grupo, Sagitario es todo lo contrario: franco, abierto, independiente, sociable...

Una relación armoniosa puede darse en personas evolucionadas que entiendan las necesidades de cada uno. Deberían hacer ambos un esfuerzo por entenderse. Cosa que harán si tienen verdadero amor el uno por el otro. Ser conscientes de que la pareja es distinta de como nosotros queremos que sea y respetar su forma de ser: esa debe ser la actitud permanentemente, pues si no, las dificultades pueden ser muy difíciles de superar.

ESCORPIO - CAPRICORNIO

La relación entre estos dos signos puede llegar a ser armoniosa. Pues Capricornio ofrecerá seguridad y estabilidad a Escorpio, así como fidelidad y una cierta tranquilidad de espíritu.

Escorpio, por su parte, encontrará buena acogida en Capricornio, que valorará sus aptitudes científicas y su elevado ingenio.

No obstante, la relación sentimental puede no llegar a ser tan ideal, pues Escorpio no llevará bien la frialdad que, en este sentido, muestra Capricornio, ya que no encontrará en él una respuesta equivalente a sus constantes demostraciones de amor y cariño.

Para conservar un cierto equilibrio, Escorpio debe controlar un poco más sus excesos sexuales y emocionales; y Capricornio, acercarse un poco más a su pareja con alguna que otra demostración de amor.

ESCORPIO - ACUARIO

En principio, no combinan muy bien, ya que el celoso, dominante y pasional Escorpio encontrará oposición con el independiente y rebelde Acuario. Pues este último no se acogerá a ninguna norma impuesta por su pareja y tenderá más a llevar una vida independiente y social, lo que no llevará bien Escorpio, que le gustaría quedarse en casa y hacer mejor una vida íntima y de pareja.

Puede haber cierta armonía si Escorpio aprende a dominar y controlar sus pasiones, orientándolas más bien hacia caminos de productividad intelectual o espiritual por una obra social que agrade a Acuario. Acuario debe sacrificar en parte sus relaciones sociales para estar un poco más al lado de su pareja.

Los dos signo, en definitiva, pueden llevarse muy bien si basan la relación en aspectos relacionados con la amistad y el respeto mutuo.

ESCORPIO - PISCIS

Los dos son signos de Agua, el uno (Escorpio) vive sus emociones de forma interior; y el otro (Piscis) de forma externa. Sin embargo, el uno y el otro son emocionalmente impredecibles. Es difícil saber lo que sienten en cada momento y, a menudo, los demás signos no entienden algunas salidas de tono de Piscis, ni alcanzan a comprender lo que siente el misterioso Escorpio en algún momento dado. Pero ellos se entenderán en este sentido bastante bien.

Entre ellos existe una atracción natural porque los dos son signos emocionales y, por tanto, experimentan sensaciones intensas. Pero en cuanto a la forma de ser, Escorpio es más fuerte y viril que Piscis, que es más sumiso, sacrificado y abnegado. Esto puede ser un problema si Escorpio utiliza este carácter natural de Piscis para dominarlo y convertirlo en una persona completamente sumisa.

Por lo demás, puede haber una armonía excelente, pues la dulzura y carácter apacible de Piscis podrá calmar los celos y el dramatismo de Escorpio.

También pueden compartir el interés por las Ciencias Ocultas, la Astrología, la muerte y el Más Allá y todo lo misterioso, ya que a los dos se sienten bien hablando de estos temas o compartiéndolos.

SALUD

Escorpio rige los órganos genitales, la pelvis, la vejiga, la uretra, la próstata, la nariz, el colon descendente, las ingles y la materia roja de la sangre. Así pues, las debilidades y malos aspectos de los planetas sobre este signo pueden llegar a producir las distintas dolencias que afectan a estas partes del cuerpo, como son:

Sinusitis.
Catarros nasales.
Infecciones en los órganos sexuales.
Enfermedades de la próstata.
Enfermedades venéreas.
Hemorroides.
Pólipos.
Uretritis.
Fístulas.
Abscesos, furúnculos
Varicocele.
Etc.

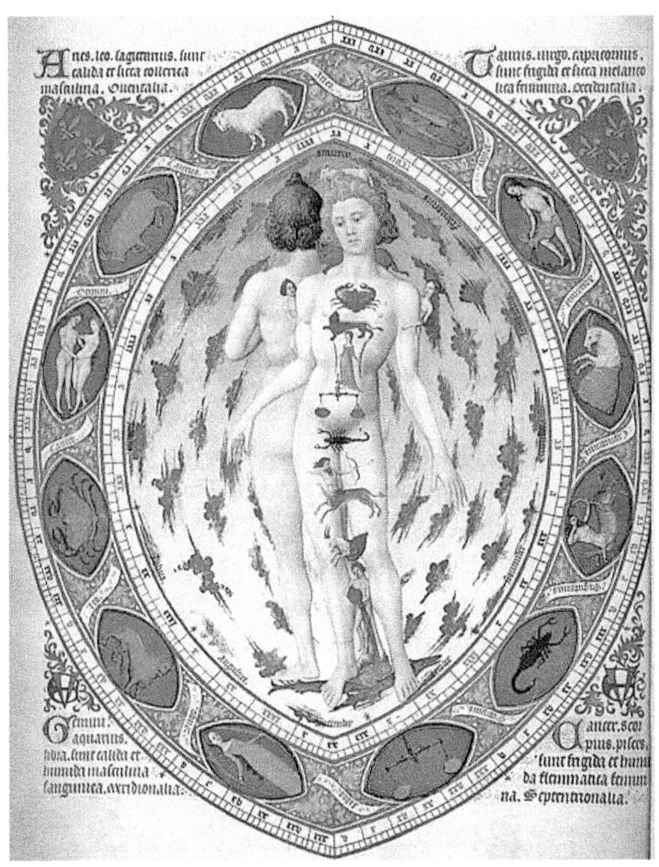

El hombre y el Zodiaco, de Paul Malouel, muestra las asociaciones de los Signos del Zodiaco con las distintas partes del cuerpo.

Por lo tanto, deberá tener especial cuidado con estas zonas de su cuerpo y prestarles más atención de lo normal, y no abusar sobrecargándolas o sobreexcitándolas.

Cuando se producen malos aspectos sobre Escorpio da lugar a todos los problemas relacionados con una mala administración de la energía marciana, planeta que rige el signo. Si quiere evitarlos, debe tener especial cuidado y tomar conciencia de cómo está trabajando dicha energía. Por ejemplo, la mala administración de esta energía se traduce por comportarse con los demás con los peores defectos del signo: ira, odio, irritabilidad, venganza, celos... Si quiere recuperar la salud, debe evitar al máximo este tipo de comportamientos.

TRABAJO

Escorpio tiene a su disposición la energía de su signo y de su planeta, que están relacionados con una actividad intensa en el terreno de los sentimientos, y muy especialmente en el terreno sexual. También con la muerte. Además, son muy buenos indagadores. Por lo que se sentirán bien en las siguientes profesiones:

- Psicólogos
- Investigadores
- Detectives
- Terapeutas sexuales
- Policías
- Químicos
- Empresas funerarias
- Forenses
- Cargos militares
- Dentistas
- Cirujanos, etc.

Los nueve Coros Angélicos se mueven en torno a la esfera central, que representa a la Divinidad.
Ilustración de Gustavo Doré para la obra *La Divina Comedia* de Dante Alligeri.

ÁNGELES DE ESCORPIO

La esfera del Zodiaco mide 360 grados de longitud, que se divide entre los doce signos del Zodiaco, dando como resultado un espacio de 30 grados de longitud a cada signo.

Dentro de estos 30 grados tienen su domicilio y radio de acción 6 ángeles conocidos en la Tradición como genios de la Cábala, a razón de 5 grados por ángel.

Con respecto al signo de Escorpio, los nombres de estos ángeles son los siguientes:

De 0 a 5 grados de Escorpio (del 24 al 28 de octubre) rige el ángel llamado Veuliah.

De 5 a 10 grados de Escorpio (del 29 de octubre al 2 de noviembre) rige el ángel llamado Ielahiah

De 10 a 15 grados de Escorpio (del 3 al 7 de noviembre) rige Sealiah.

De 15 a 20 grados de Escorpio (del 8 al 12 de noviembre) rige el ángel llamado Ariel.

De 20 a 25 grados de Escorpio (del 13 al 17 de noviembre) rige el ángel llamado Asaliah.

De 25 a 30 grados de Escorpio (del 18 al 22 de noviembre) rige el ángel llamado Mihael.

El nativo de Escorpio tendrá uno u otro ángel guardián dependiendo de la fecha en la que haya nacido dentro de este radio de acción, con él podrá comunicarse en cualquier momento para pedirle que le ayude en su acción cotidiana y cumplir así con el objetivo de su Yo Superior.

VEULIAH, DEL 24 AL 28 DE OCTUBRE

Las enseñanzas y virtudes que proporciona este ángel durante la vida del nativo son las siguientes:

Descubrir y destruir el plan malvado que los enemigos traman contra uno; liberación de la esclavitud, de los hábitos y de las dependencias; prosperidad de nuestras empresas; paz y armonía en la sociedad; fortalecimiento de aquello que se tambalea en nuestras vidas, distinciones y triunfo en la carrera militar; confección de talismanes de protección contra los enemigos; el arte de sanar heridas mediante la magia cabalística.

La esencia de su programa es:

PROSPERIDAD. Y esta cualidad es la que más sobresaldrá durante toda la vida del individuo que haya nacido bajo su influencia.

Clave: *Prosperidad en las empresas, paz y armonía*

IELAHIAH, DEL 29 DE OCTUBRE AL 2 DE NOVIEMBRE

Las enseñanzas y virtudes que proporciona este ángel durante la vida del nativo son las siguientes:

Protección de los magistrados para conseguir un veredicto favorable; protección contra las armas, atentados, ladrones y delincuentes; concesión de la victoria; empresas exitosas; celebridad por sus hazañas por su talento; protección contra los impulsos violentos.

La esencia de su programa es:

TALENTO MILITAR. Y esta cualidad es la que más sobresaldrá durante toda la vida del individuo que haya nacido bajo su influencia.

Clave: *Fuerza energía para vencer en las batallas cotidianas.*

SEALIAH, DEL 3 AL 7 DE NOVIEMBRE

Las enseñanzas y virtudes que proporciona este ángel durante la vida del nativo son las siguientes:

Triunfo y levantamiento de los humildes y de los decaídos; confusión de los malintencionados y orgullosos; lleva vida y salud a todo lo que respira; facilita el aprendizaje de cualquier cosa; hacer a los ladrones devolver las cosas robadas; el equilibrio de la atmósfera; protección contra el mal de ojo y las agresiones malvadas.

La esencia de su programa es:

MOTOR. Y esta cualidad es la que más sobresaldrá durante toda la vida del individuo que haya nacido bajo su influencia.

Clave: *Voluntad para empezar cualquier empresa con fuerza.*

ARIEL, DEL 8 AL 12 DE NOVIEMBRE

Las enseñanzas y virtudes que proporciona este ángel durante la vida del nativo son las siguientes:

Descubrir tesoros ocultos; revelación de los mayores secretos de la Naturaleza y la vida; capacidad profética; sueños y ensueños que producen el deseo de realizarlos; espíritu fuerte y sutil; conseguir resolver los problemas más difíciles; discreción para no llamar la atención sobre lo que hacemos; discreción; instrucción sobre las artes mágicas; protección contra las tribulaciones del espíritu y la conducta inconsecuente.

La esencia de su programa es:

PERCEPCIÓN REVELADORA. Y esta cualidad es la que más sobresaldrá durante toda la vida del individuo que haya nacido bajo su influencia.

Clave: *Revelaciones para poner en marcha nuevos planes de realización.*

ASALIAH, DEL 13 AL 17 DE NOVIEMBRE

Las enseñanzas y virtudes que proporciona este ángel durante la vida del nativo son las siguientes:

Justicia; conocer la verdad en los procedimientos; honradez; elevación de espíritu a la contemplación de las cosas divinas; carácter agradable y justo; comprensión de las leyes espirituales; visualización de las vidas anteriores de una persona; protección contra la inmoralidad, la incitación al escándalo y la propagación de sistemas peligrosos.

La esencia de su programa es: CONTEMPLACIÓN. Y esta cualidad es la que más sobresaldrá durante toda la vida del individuo que haya nacido bajo su influencia.

Clave: *Visión de conjunto sobre todas las cosas.*

MIHAEL, DEL 18 AL 22 DE NOVIEMBRE

Las enseñanzas y virtudes que proporciona este ángel durante la vida del nativo son las siguientes:

Conservar la paz, la armonía y el amor entre esposos; amistad y fidelidad; protección a los que recurren a él; presentimientos e inspiraciones secretas sobre todo lo que ha de pasar; fecundidad en las uniones sexuales; conocimientos de alquimia; protección contra los celos, la inconstancia y la discordia.

La esencia de su programa es:

GENERACIÓN. Y esta cualidad es la que más sobresaldrá durante toda la vida del individuo que haya nacido bajo su influencia.

Clave: *Fertilidad en todo lo que tu voluntad emprenda* [1].

---

[1] Para más información sobre el tema de los ángeles y la Astrología, véanse mis libros: *Ángeles protectores y Ángeles, las fuerzas ocultas del Universo,* publicados por esta editorial.

PERSONAS CÉLEBRES NACIDAS EN ESCORPIO

- Baltasar Garzón, 26-10-1955: juez español
- Benjamin Banneker, 09-11-1731: astrónomo estadounidense.
- Bram Stoker, 08-11-1847: novelista y escritor irlandés
- Carlos de Inglaterra, 14-11-1948: Príncipe de Gales
- Eros Ramazzptti, 28-10-1963: cantante
- Evaristo de San Miguel, 26-10-1785: militar español
- Evo Morales, 26-10-1959: presidente boliviano
- François Mitterrand, 26-10-1916: político francés, presidente de Francia

- Hillary Clinton, 26-10-1955: senadora y ex primera dama estadounidense
- Julia Roberts, 28-10-1967: actriz
- Leonardo DiCaprio, 11-11-1974. actor
- Maradona, 30-10-1961: futbolista
- Martín Lutero, 19-11-1483 (calendario gregoriano): monje alemán
- Pablo Picasso, 25-10-1881: pintor
- Reina Sofía, 02-11-1938: Reina de España
- Richard Burton, 10-11-1925: actor británico.
- Thomas Lowry, 26-10-1874: físico y químico británico
- Wilhelm Weber, 24-10-1804: físico alemán

TALISMANES

Los amuletos o talismanes de Escorpio deben fabricarse con todos o parte de los elementos relacionados con el signo. En particular, con las gemas, los metales y los colores. Por ejemplo:

Las gemas de la suerte de Escorpio son la malaquita y el imán. El metal es el hierro. Así pues, se pueden fabricar amuletos con estos elementos y llevarlos encima, bien la piedra o metal a secas en un bolsillo o bien como colgante, llavero, etc. También se puede hacer una bolsita del color del signo, poner todos estos elementos dentro y llevarlo como amuleto.

El color de Escorpio es el rojo carmín. Por tanto, todo lo que sea de color rojo carmín también favorecerá al nativo, ya sea ropas o cosas que destaquen este color.

El día de la semana en el que tendrá especialmente suerte será el martes. En este día puede comenzar todo tipo de proyectos y acontecimientos en los que quiera tener un efecto favorable, siempre que no sea para perjudicar al prójimo, claro está.

Sus números de la suerte son el 8 y el 9 y todos sus múltiplos.

Hay que tener en cuenta que un amuleto por sí solo no sirve para nada si no le acompaña una actitud positiva y favorable del individuo y un deseo de avanzar en un camino altruista y benevolente hacia los demás. De esta forma, atraerá a su vida las energías favorables procedentes de las entidades espirituales que operan en Escorpio.

OTROS TÍTULOS PUBLICADOS POR ESTA EDITORIAL

LA ESENCIA DE LOS DOCE SIGNOS DEL ZODIACO

Un libro esencial para conocernos a nosotros mismos mediante un estudio completo de cada signo del Zodiaco

ÁNGELES, LAS FUERZAS OCULTAS DEL UNIVERSO

Un estudio completo sobre la importancia de los ángeles en el Universo y en nuestra vida cotidiana, donde se dan a conocer sus nombres y sus funciones específicas.

EL MENSAJE OCULTO DE LOS ASTROS

Un manual completo de Astrología, tanto para el principiante como para el astrólogo avanzado. Extensa interpretación astrológica, y, además, se adentra en el tema de las Sinastrías, la Astrología médica y la Parte de la Fortuna, con muchos ejemplos interesantes.

CÓMO LEVANTAR UNA CARTA ASTRAL, Manual para principiantes.

Un manual para cualquier estudiante: sencillo, ameno y directo, donde se facilita al lector un guión para levantar cartas astrales e interpretarlas.

CÓMO INTERPRETAR UN HORÓSCOPO SIN AYUDA DE NADIE

Enseñanzas básicas para interpretar un horóscopo. Aprenda lo más necesario de su carta astral sin necesidad de hacer cursos interminables.

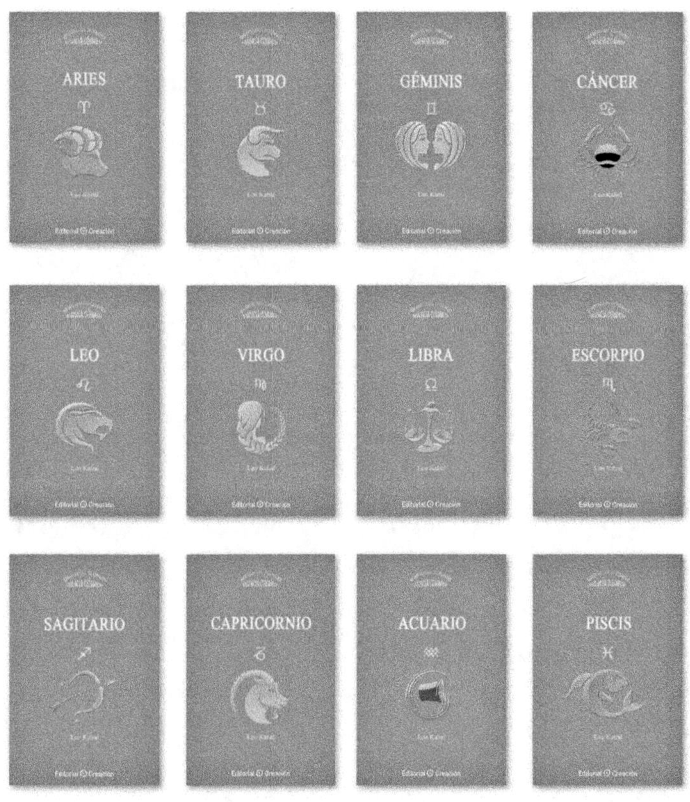

LOS 12 SIGNOS DEL ZODIACO
(ESENCIA CÓSMICA)

Una colección esencial, con un estudio
completo de cada signo: personalidadad, afinidades
e incompatibilidades en al amor, salud, trabajo, ángeles
y fuerzas de los astros, etc.

www.ingramcontent.com/pod-product-compliance
Lightning Source LLC
La Vergne TN
LVHW010702200726
843507LV00011B/1971